RÉFLEXIONS

SUR

L'EMPRUNT DE 16 MILLIONS.

PARIS.

1818.

IMPRIMERIE D'ANT. BAILLEUL,

RUE SAINTE-ANNE, N°. 71.

RÉFLEXIONS

L'EMPRUNT DE 16 MILLIONS.

Sɪ, dans la discussion des Chambres, au sujet de l'emprunt, on s'est montré peu sévère en examinant les mesures adoptées pour le placement des 3o millions de rentes votés l'année précédente, personne cependant n'a mis en doute que ces dispositions ne pussent donner lieu à de sérieuses réflexions.

Les Députés, pour qui les inconvéniens de la route qu'on avait suivie étaient le mieux démontrés, ne se dissimulaient point la difficulté des circonstances, et malgré l'opinion, alors si généralement et si faussement établie, de l'impossibilité d'obtenir des emprunts par la voie de la concurrence, ils n'en persistaient pas moins à croire qu'elle aurait dû être essayée ; c'est pourquoi, lorsqu'il fut question de l'emprunt des 16 millions, plusieurs d'entre eux s'efforcèrent de l'introduire dans la loi de finances-

La discussion à laquelle cette tentative donna lieu, a bien établi le principe, mais on ne détermina rien pour l'application. Si les partisans du concours public n'ont point alors remporté la victoire, on ne peut pas dire non plus qu'ils aient essuyé une défaite complète; car, à cet égard comme à beaucoup d'autres, on a droit de penser que les principes, une fois reconnus, ne seront pas éternellement ajournés.

Néanmoins ce fut un sujet assez piquant d'observation, de voir que la Chambre des Députés, qui, deux ans auparavant, s'était entourée de tant de précautions, qui avait créé une Commission spéciale et indépendante pour régler l'emploi de la dotation de 40 millions de la caisse d'amortissement, destinés au rachat journalier des fonds publics, laissât au ministre une latitude indéfinie pour disposer de plus de 300 millions, sans autre garantie que celle de la confiance que doit naturellement inspirer son caractère personnel

Cette facilité de la part de la Chambre était d'autant plus étonnante, que l'affaire était des plus graves; car il ne s'agissait point seulement du mode de l'emprunt relatif aux 16 millions;

mais il était question de tout notre avenir, puisque la mesure adoptée devait naturellement servir de règle pour les emprunts suivans, et notamment pour ceux qu'il était inévitable d'accorder dans la même session, et dont la quotité présumée ou connue devait s'élever à des sommes énormes.

Cependant nous n'hésiterons point à reconnaître que la confiance de la Chambre a été, au moins en grande partie, justifiée ; car le Ministre des finances, en suivant une marche plus libérale que celle qu'il avait laissé entrevoir dans la discussion, s'est imposé à lui-même des limites que la Chambre s'était abstenue de tracer.

En effet, on a vu pour la première fois, dans le *Moniteur* du 9 mai, une annonce positive invitant tous les français à concourir pour l'emprunt déterminé par la loi des finances.

Les termes dans lesquels cette publication a été conçue, laissent sans doute beaucoup à désirer ; mais nous n'en devons pas moins apprécier l'hommage que le Ministre rend aux principes.

La loi n'ayant rien statué, le gouvernement était libre de choisir entre le mode de concurrence individuelle, et celui de concurrence par compagnie. L'avis inséré dans le *Moniteur* semble démontrer qu'il s'est arrêté au premier mode; on ne peut qu'applaudir à ce choix; il dépend du ministère de le faire réussir : mais dût-il y échouer, il était louable et convenable de le tenter.

Ce n'est pas qu'on doive rejeter le mode de concurrence par compagnie; le secours de ces associations, dans des opérations de cette nature, peut être fort utile au gouvernement; mais il est naturel de n'y avoir recours que quand le premier mode a été tenté sans succès. Les compagnies doivent être considérées comme des corps de réserve que l'on doit ménager, et dont il ne faut user que dans les momens difficiles. Leurs services sont plus chers; soit parce qu'une concurrence moins étendue, soit parce qu'une sorte de concert facile à établir entr'elles, les rendent plus maîtresses des prix. D'ailleurs, une fois que des compagnies se sont enrichies, et qu'on a pris l'habitude de s'en servir, on se trouve placé dans une sorte de dépendance, et l'on éprouve des obstacles de tout genre, lorsqu'on veut se soustraire à leur onéreuse obligeance; et souvent on voit celles qui ont gagné beaucoup d'argent en cherchant à prouver leur utilité, en sacrifier une partie pour persuader qu'elles sont indispensables.

Il est peut être plus dans les convenances d'un ministre, de traiter avec des compagnies; mais il paraît plus conforme à l'intérêt public de répartir les avantages de ces opérations sur un grand nombre d'individus, que de les concentrer dans peu de mains. Il est aussi plus conforme à la justice de ne point obliger sans nécessité ceux qui veulent prendre part dans les fonds publics, à passer par des intermédiaires qui les leur font chèrement payer. Ainsi, sous tous les rapports, sans rejeter, d'une manière absolue, les services des compagnies, il est dans l'intérêt de l'état et dans celui des individus de ne les appeler que dans les occasions où les soumissions particulières n'offriraient pas une assistance assez prompte.

Relativement au crédit, il ne faut pas se faire illusion sur ce qu'on peut attendre des compagnies. Des faits récens ont pu induire en erreur sur ce point; quelques explications pourront la faire cesser. Une grande masse d'inscriptions de rentes a été mise entre les mains d'une compagnie, et à la suite de cette opération, ces effets ont haussé: de là, l'opinion vulgaire qui s'est répandue, que le crédit, les combinaisons, l'habileté des financiers avaient exclusivement maintenu le cours des fonds publics dans un état de prospérité croissante.

Il n'appartient point à une compagnie, quelle qu'elle soit, d'élever le prix ou d'arrêter la baisse des effets publics. Supposez ses opérations aussi savantes qu'elles puissent l'être, ses ressources aussi étendues qu'on puisse l'attendre de la réunion de la fortune et du crédit de quelques particuliers, l'effet de tous ces moyens sera borné dans le cercle de quelques mois. La hausse d'un effet est déterminée par la confiance qu'inspire la mesure qui donne lieu à son émission. Qui pourra faire naître cette confiance ? La sagesse des motifs de l'emprunt, la certitude du bon emploi des fonds qu'il procure, la suffisance des appropriations pour le service des intérêts, et la perspective d'un remboursement certain pour le capital. Or, c'est dans les opérations financières d'un gouvernement représentatif que se trouve la réunion de toutes ces conditoins. La publicité des discussions ne laisse aucun doute sur l'utilité de l'emprunt ; les formes de comptabilité, la responsabilité des Ministres assurent le bon emploi des fonds ; enfin, la force des dispositions législatives qui ne sont plus un vain simulacre, mais l'expression d'une volonté libre et générale, donne à toutes ces mesures une certitude morale, qui s'appuye encore sur la loyauté connue d'une grande nation qui veut et qui peut remplir tous ses engagemens.

C'est là, et non pas dans le crédit de quelques financiers étrangers, qu'il faut chercher la cause du succès du premier emprunt qui a passé toute attente; et c'est pourquoi cette émission considérable de rentes, dont on a prétendu que la France et ses capitalistes avaient été effrayés, au lieu de produire la baisse, a été suivie d'une hausse qui n'est point encore à son terme. Tel est le résultat de notre premier pas dans la carrière du gouvernement représentatif. Malheureusement nous n'avons point su en profiter; nous n'avons point apprécié la valeur d'engagemens librement contractés sous le régime d'un gouvernement constitutionnel: l'inexpérience des uns, la timidité des autres, se sont opposées à ce qu'on mît nos forces à l'épreuve, et l'on a eu recours aux étrangers. Ceux-ci, familiarisés avec les idées de cette nature, initiés depuis long-temps à tous les prodiges de confiance et de crédit qui tiennent à l'essence d'un gouvernement national, ont profité de nos embarras, se sont emparés avec empressement de nos premiers emprunts ; ils ont eu plus de confiance en nous que nous-mêmes ; ils s'en sont bien trouvés. N'entrons point dans un calcul sordide de leurs gains ; ils sont à eux : mais la leçon est à nous, profitons-en. C'est un brevet d'importation que nous avons payé cher ; peu importe, si nous savons l'exploiter, et en retirer tous les avantages.

On se plaît généralement à rendre justice aux vues du ministre, et à la volonté qu'il a eue d'établir la concurrence et la publicité ; mais son annonce a été conçue d'une manière trop vague, et l'on regrette qu'en se réservant toute la garantie nécessaire, il n'ait pas laissé entrevoir plus clairement ses intentions. Cela n'a pas empêché qu'une foule de citoyens n'ait porté avec empressement ses souscriptions au trésor royal : elles s'élèvent, à ce que l'on assure, à près de 160 millions, au lieu des 16 millions demandés : il est d'un grand intérêt de tirer parti de ce mouvement, et de le développer. L'établissement d'un crédit national dépend de la conduite que le gouvernement tiendra dans cette circonstance. Malgré les objections dont peuvent être susceptibles tels ou tels souscripteurs, on ne peut s'empêcher de reconnaître dans cet élan de patriotisme financier beaucoup d'analogie avec l'élan militaire que prit la France en 1792 : celui-ci, dans l'origine, inspira peu de confiance, et mit pourtant la France en état de résister à l'Europe. Quelles leçons n'offre point ce que nous voyons aujourd'hui à ceux qui, depuis si long-temps, regardent la France et les français comme incapables de supporter les institutions qui ont fondé la prospérité de l'Angleterre ! Quelle source d'espérance pour ceux qui considèrent avec raison cet établissement d'un crédit public, comme un sûr garant contre le besoin des compagnies étrangères, et surtout contre l'importance et les conceptions des gens à systêmes, mille fois plus dangereux que toutes espèces de compagnies !

Il semble que le succès de cet élan financier dépend en grande partie du mode de répartition que le ministre adoptera au milieu de cette foule de souscripteurs.

Fera – t- il cette répartition en acceptant ou en refusant, d'après son propre discernement, telle ou telle souscription ? Ce mode ne nous paraît ni admissible ni convenable. Les 20 pour % qu'on exige, répondent à toute observation sur la solvabilité. Fera-t-il une répartition proportionnelle à la quotité des souscriptions ? Il semble que ce parti ne serait conforme ni à la justice ni à l'intérêt de l'état : la justice est de rendre cette mesure profitable à tous ceux qui se sont loyalement présentés, et de leur donner le moyen de courir les chances auxquelles ils ont consenti, par un mode de répartition équitable, qui, loin de descendre des fortes souscriptions aux petites, s'élève graduellement de la plus faible à la plus considérable. L'importance des soumissions a dû dépendre des moyens de crédit ; mais elle n'est point une raison pour avantager le propriétaire de la valeur de 100 mille fr de rentes , au détriment de celui qui a offert le capital de ses modestes 5 mille fr. En suivant une échelle proportionnelle pour la répartition, on ne pourrait donner 5000 fr. de rente à celui qui aurait souscrit pour 100,000 fr. , qu'en réduisant à 250 fr. les souscriptions de 5000 fr.; ce qui équivaudrait à une entière exclusion.

Ce mode n'est point dans l'intérêt de l'état, qui est d'attacher le plus grand nombre possible d'intérêts particuliers. Il n'y a point eu d'enchères établies; des conditions ont été déterminées : tout le monde doit donc être traité également, c'est-à-dire, que l'on doit d'abord accorder à tous les souscripteurs le montant de la moindre souscription, savoir, 5,000 fr. de rente. Si cette première répartition ne complette point les 16 millions, 5,000 fr. de plus seront accordés à tous ceux qui ont demandé dix mille francs de rente et plus, et ainsi de suite, jusqu'à ce que l'on ait absorbé les 16 millions : c'est ainsi que les profits nécessairement attachés à ces opérations au lieu d'être concentrés par portions énormes dans les mains de quelques individus, seront disséminés dans un plus grand nombre de familles, et propageront le goût de semblables placemens qui constituent le crédit de l'état.

Maintenant à quel prix l'emprunt sera-t-il accordé ? On ignore quelles sont les intentions du ministre, et on n'a point la prétention de deviner son secret ; mais sans doute il ne perdra pas de vue qu'indépendamment de tout autre moyen, une prime raisonnable est le garant le plus sûr de cet emprnnt, dont le succès est d'autant plus important, qu'il est le premier présenté dans cette forme, et qu'il fonde en quelque sorte le crédit national. Cette prime doit présenter un attrait suffisant : le ministre en a reconnu la nécessité, en traitant avec les étrangers ; il s'y refusera d'autant moins à l'égard des natio_

naux, que certainement il les trouvera dis-
posés à se contenter de bénéfices moins consi-
dérables. Cependant, on le répète, il faut que
les avantages soient satisfaisans; il le faut, ne
fût-ce que pour effacer l'impression pénible
qui résulte de la comparaison des conditions
proposées aux spéculateurs français, avec celles
qu'ont obtenues les étrangers. Il est en effet
difficile de ne point remarquer qu'ayant accordé douze mois pour le paiement des
termes du premier emprunt aux compagnies
étrangères, on n'en donne que six aux souscripteurs français : ceux-là n'ont payé que par
douzièmes, tandis qu'on exige de ceux-ci 20
par % dans les six jours, c'est-à-dire, un
cinquième comptant; qu'on ne leur donne
aucun titre transférable, mais seulement une
reconnaissance de la valeur payée; tandis qu'a-
près le paiement des deux premiers dixièmes,
on a remis aux étrangers la totalité de la valeur
de l'emprunt en inscriptions transférables,
avec la faculté de vendre ce qu'ils ne devaient
payer que dans une moyenne de huit mois. Il
est loin de ma pensée de présenter ce parallèle
avec une intention de reproche : je sais que le
gouvernement est libre de mettre à l'emprunt
les conditions qui lui conviennent; mais j'ai
cru qu'il n'était pas inutile, au moment où

il doit prendre une décision importante, de lui soumettre ces réflexions.

Je m'estimerais heureux, si j'avais pu contribuer en quelque chose à rendre cette décision telle qu'elle doit être, pour encourager les citoyens de toutes les classes et de tous les départemens à venir au secours de la fortune publique, en améliorant leur fortune privée; pour fortifier une impulsion naissante, dont le résultat doit être de cimenter les bases de l'édifice social, en confondant, pour ainsi dire, l'intérêt général avec la somme des intérêts particuliers.

CASIMIR PERIER.